curiosidad por

APPLE

POR RACHEL GRACK

AMICUS LEARNING

¿Qué te causa

curiosidad?

CAPÍTULO TRES

Curious About es una publicación de
Amicus Learning, un sello de Amicus
P.O. Box 227, Mankato, MN 56002
www.amicuspublishing.us

Editores: Ana Brauer y Grace Cain
Diseñadora de la serie: Kathleen Petelinsek
Diseñadora del libro e investigadora fotográfica: Sara Hood

Library of Congress Cataloging-in-Publication Data
Names: Koestler-Grack, Rachel A., 1973– author.
Title: Curiosidad por Apple / by Rachel Grack.
Other titles: Curious about Apple. Spanish
Description: Mankato, MN: Amicus Learning, an imprint of Amicus, [2026] | Series: Curiosidad por las marcas favoritas | Includes index. | Audience term: Children | Audience: Ages 6–9 | Audience: Grades 2–3 | Summary: "Who invented Apple? Spark elementary readers' curiosity about the popular technology brand's history, products, and cultural impact with insightful questions and well-researched answers. Translated into North American Spanish. Includes table of contents, glossary, and index"— Provided by publisher.
Identifiers: LCCN 2024052131 (print) | LCCN 2024052132 (ebook) | ISBN 9798892006897 (library binding) | ISBN 9798892007498 (paperback) | ISBN 9798892008099 (ebook)
Subjects: LCSH: Apple Computer, Inc.—Juvenile literature. | Computer Industry—United States—Juvenile literature. | Brand name Products—Juvenile literature.
Classification: LCC HD9696.2.U64 A6736518 2026 (print) | LCC HD9696.2.U64 (ebook) | DDC 338.7/610053—dc23/eng/20250115
LC record available at https://lccn.loc.gov/2024052131
LC ebook record available at https://lccn.loc.gov/2024052132

Créditos fotográficos: Alamy Stock Photo/Alex Segre, 14, Lars Hagberg, 2, 17, Ryhor Bruyeu, 15, rvlsoft, 9; Getty Images/Archigram, 20–21, Facundo Diaz Montes, 16, JOHN G. MABANGLO, 12, Kimberly White, 7, shapecharge, 3, 19, SolStock, 11, Tom Munnecke, 9, Ulrich Baumgarten, 13; Shutterstock/Anton_Ivanov, 2, 6, Dennis MacDonald, 10, Kaspars Grinvalds, 15, Keshan De Mel, 15, Mike Mareen, 15, MohammadKam, 9, TonyV3112, 5, 19 STUDIO, 15; The Noun Project/achmad, 22, bsd studio, 23, Emmanuel Garcia Frias, 22, Rahmad romadoni, 23; Wikimedia Commons/Apple Computer, Inc., 8, Public Domain/Rob Janoff, cover, 1, 8, 9, Ronald Wayne, 8

Impreso en India

CAPÍTULO UNO

¿Por qué se conoce a Apple?

Es más conocida por hacer iPhones, iPads y Macs. Los productos de Apple tienen la última **tecnología**. A la mayoría de las personas les resultan fáciles de usar. ¡Apple es una de las marcas de tecnología más grandes del mundo!

El iPhone es el producto más popular de Apple.

La Apple IIe (2e) salió en 1983.

¿Quién empezó Apple?

A Steve Jobs y Steve Wozniak les gustaba trabajar con la **electrónica**. En 1976, comenzaron a armar computadoras en un garaje. Querían venderlas a tiendas de computación. Su amigo Ronald Wayne los ayudó a formar la empresa. A sus computadoras las llamaron Apples (manzanas, en español).

Steve Jobs (derecha) y Steve Wozniak se conocieron en la adolescencia.

¿SABÍAS QUE...?
Ronald Wayne vendió rápidamente su parte de la empresa por $800. Hoy valdría por lo menos $60.000 millones.

¿Por qué escogieron el nombre Apple?

Algunos creen que tenía que ver con Isaac Newton. Él descubrió la gravedad cuando una manzana cayó de un árbol. Otros dicen que es por el científico informático Alan Turing. Murió en 1954 después de comer una manzana envenenada. La razón real es simple: la manzana era la fruta favorita de Jobs.

EL LOGO DE APPLE A LO LARGO DE LOS AÑOS

1976

1977

1984

Jobs escogió el nombre luego de visitar una huerta.

¿Por qué Apple llamó Mac a su computadora?

Las manzanas McIntosh son conocidas por su sabor dulce.

Las Mac le deben su nombre a estas manzanas, tienen un sabor especial. Las Mac también eran especiales. Fueron las primeras computadoras con un mouse. Hasta 1984, solo se podían tipear comandos para abrir menús. Un mouse permite a los usuarios hacer clic en **íconos**. Con las Mac, se volvió fácil usar computadoras.

Las Mac se utilizan con frecuencia en las aulas.

CAPÍTULO DOS
2

¿Por qué los productos de Apple empiezan con "i"?

Jobs anunció la primera iMac el 6 de mayo de 1998.

La "i" representa a Internet. Apple comenzó la tendencia con la iMac en 1998. Esta computadora de escritorio podía conectarse fácilmente a Internet. El uso de la "i" se volvió una manera reconocible de nombrar los **dispositivos inteligentes** de Apple.

La primera iMac fue un gran éxito. ¡Apple vendió más de seis millones de unidades!

¿Qué son las MacBook?

Todos los años salen nuevos modelos de MacBook.

Son computadoras portátiles. Se abren y se cierran como un libro. ¿Ves? La gente usa computadoras portátiles para ir de un lado a otro. Al ser delgadas y livianas, son fáciles de llevar. Apple hizo las primeras computadoras portátiles con un **trackpad**. Se puede usar en lugar de un mouse.

iPHONE
2007–PRESENTE

iPAD
2010–PRESENTE

MACBOOK
2006–PRESENTE

iMAC
1998–PRESENTE

APPLE WATCH
2015–PRESENTE

¿Qué hace un Apple Watch?

Personas de todas las edades pueden usar un Apple Watch.

Un Apple Watch es como usar un teléfono inteligente en la muñeca. Puedes hacer llamadas, enviar mensajes y revisar tu correo electrónico. El Apple Watch también puede contar los pasos que das y monitorear tu ritmo cardíaco. Ayuda a las personas a mantenerse sanas y en buen estado físico.

Puedes monitorear tu entrenamiento en tu Apple Watch.

¿Qué otros productos de Apple existen?

El iPad mini es popular. Puede hacer casi todo lo que hace un iPhone, hasta puedes hacer llamadas a través de iMessage o FaceTime. iTunes también es popular, puedes comprar música o películas directamente desde la **app**.

SERVICIO DE STREAMING

Apple TV+ se lanzó en 2019. Tiene cientos de películas y programas disponibles para mirar, incluso lanza contenido original.

La App Store tiene infinidad de juegos que puedes descargar y jugar.

¿Por qué Apple es tan popular?

A la gente le encanta la forma en la que los productos Apple se comunican entre sí. Una persona puede poner su información en múltiples dispositivos a la vez. Además, se puede confiar en que van a funcionar bien y van a durar mucho tiempo. Apple conecta vidas con cada producto que fabrica.

FaceTime permite que los usuarios de Apple se conecten aun cuando están lejos.

EVENTOS DE APPLE

Apple organiza un evento para hablar sobre productos nuevos antes de lanzarlos al mercado. Millones de personas siguen estos eventos.

GLOSARIO

app Un programa informático diseñado para teléfonos y otros dispositivos pequeños.

dispositivo inteligente Equipo electrónico que se conecta a Internet.

electrónica Tecnología que usa electricidad para funcionar.

ícono Imágenes o símbolos utilizados en dispositivos electrónicos.

tecnología Una rama de estudio que tiene que ver con la ciencia y la ingeniería.

trackpad Un panel táctil en una computadora portátil que se usa en lugar de un ratón.

ÍNDICE

Acerca de la autora

Rachel Grack es editora y escritora de libros para niños desde 1999. Vive en un pequeño rancho en el sur de Arizona. Como buena amante de las historias, lleva a Disney en su corazón. Disfruta ver cómo sus nietos juegan los juegos de Pokémon en su consola Nintendo 64.